PLIEZ
SERVIETTES

Christian METZELARD

Photos : S.A.E.P. / J.L. SYREN
avec la collaboration de J. FRANCK

Dessins : B. ROTH

Coordination : É. ZIPPER

Imprimé en France

ÉDITIONS S.A.E.P.
68040 INGERSHEIM - COLMAR

Tout comme un nœud papillon ou un foulard apportent couleur et style à une tenue de soirée, une serviette joliment pliée (en jouant avec les différentes étoffes et couleurs en harmonie avec votre intérieur), met en valeur votre table et laisse transparaître votre personnalité.

Certains pliages donneront à votre table un air de fête, d'autres seront très pratiques et pourront abriter couverts, cadeau, pain... une serviette délicatement pliée est bien souvent source de conversation à table...

Vous retrouverez dans cet ouvrage certains pliages utilisés sur les tables des restaurants les plus raffinés, d'autres sont le fruit de l'imagination.

J'espère que grâce à ce livre et un peu de patience, vous serez vous-même surpris de votre habileté.

LE CHOIX DES SERVIETTES

On trouve aujourd'hui un grand choix de serviettes dans le commerce : tissu, papier, dans des tons et des dimensions variés. Quoi qu'il en soit, ce sont les serviettes en tissu qui donnent les plus beaux résultats. Vous en trouverez en soie, en lin, en coton, en textiles mélangés.

Les tailles sont variables : pour les pliages compliqués, choisissez des serviettes de 40 à 60 cm de côté. Les serviettes les plus courantes (et les plus pratiques) sont en coton, de 50 cm de côté.

Les serviettes rectangulaires peuvent être utilisées pour certains pliages, mais une serviette carrée pliée en deux fait également l'affaire.

Le tissage est important : les tissus «damassés» se plient plus facilement que les «toiles», mais s'abîment plus vite.

Lors de votre achat de serviettes, préférez le fil ou le coton ; à défaut, un mélange de coton et de polyester. Évitez les serviettes totalement en polyester... les plis ne tiennent pas. N'oubliez pas également, lors de votre achat (tissu ou papier) que les pliages se font le plus souvent à partir d'un carré. Pour un pliage parfait, repasser les serviettes dans un torchon ou dans une serviette en coton pour faire disparaître les «faux plis» avant de débuter. Pour faire disparaître les plis «gênants» d'une serviette en papier, il suffit de presser avec le doigt.

L'amidon joue un rôle très important. À part quelques pliages pour lesquels un amidonnage léger suffit, les autres requièrent un amidonnage sérieux.

Pour éviter les plis indésirables, ranger les serviettes propres bien à plat sans les plier. Au moment du repassage, veillez à obtenir un carré parfait ; celui-ci sera la garantie d'un pliage réussi.

Il est conseillé de réaliser les pliages sur une surface plane et propre : la table de la salle à manger fera très bien l'affaire.

Prenez garde à utiliser le bon côté, celui des motifs s'il y en a, sinon c'est l'ourlet qui déterminera le bon côté.

Les pliages peuvent s'effectuer la veille si nécessaire.

Lors de la réalisation de vos pliages, si une étape vous semble compliquée, vous pourrez vous rendre compte du résultat escompté en regardant le dessin correspondant.

QUELQUES CONSEILS

Ne pas stocker un linge souillé.

Laver séparément les tissus de composition différente.

Veiller à la qualité de votre eau de lavage (calcaire) et éviter de laver à 85 °C ou 95 °C, cela fragilise les fibres.

Ne pas surcharger votre machine.

Rincer abondamment. Utiliser un neutralisant si vous utilisez de l'eau de Javel.

Préférer un séchage normal à un séchoir rotatif qui provoque un retrait supérieur.

Si vous repassez un linge taché, vous allez cuire les taches qui deviendront indélébiles.

Un simple lavage ne suffit pas toujours à éliminer les éléments gras (huile, sauce, beurre...) ou colorés (café, vin, thé...) qui peuvent se fixer de façon indélébile dans la fibre sous l'action de la chaleur (au cours du repassage notamment).

Afin de conserver à votre linge l'éclat de ses couleurs, il est impératif d'utiliser une lessive « spéciale couleurs » ne contenant pas d'azurants.

Pour le linge blanc, l'utilisation d'une lessive avec azurants est indispensable.

DÉTACHAGE

Bougie : coincer la tache entre deux feuilles de papier de soie puis passer un fer réglé de telle sorte que la bougie fonde sans grésiller. Décaler le papier par rapport à la tache et répéter l'opération autant de fois que nécessaire.

Café, thé, vin, bière, jus de fruits : de telles taches « maigres » d'origine végétale peuvent se traiter suivant deux méthodes.

1ère méthode : imbiber la tache d'eau de Javel très fortement diluée. Après quelques minutes, tremper la tache dans un bain d'ammoniaque à 10 %. Rincer abondamment.

2ème méthode : imbiber la tache d'eau oxygénée à 10 volumes. Tamponner avec de l'ammoniaque à 10 %. Laisser agir 10 minutes. Rincer abondamment.

Fond de teint, rouge à lèvres : il s'agit de taches mixtes composées de matières grasses et pigments. Il faut donc dégraisser et neutraliser le pigment : imbiber la tache de thrichloréthylène pour dégraisser, neutraliser le pigment à l'aide d'eau javelisée ou d'eau oxygénée. Laver.

Boîte à toasts

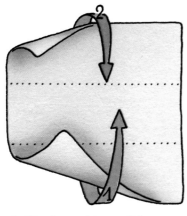

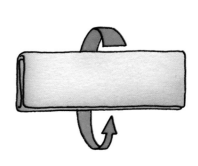

1. Plier la serviette en 3 (comme une lettre).

2. La retourner.

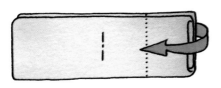

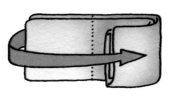

3. Replier la bordure droite vers le centre.

4. Plier le tout en deux en amenant la bordure gauche jusqu'à la bordure droite.

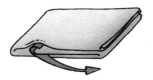

5. Passer la main sous le rabat et éliminer l'avant-dernier pli.

6. Soulever la bordure supérieure du rabat et la replier vers le bas sur un tiers de sa hauteur.

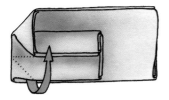

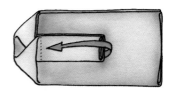

7. Répéter l'étape précédente avec la bordure inférieure du rabat.

8. À la base des triangles, replier le rabat sur la gauche.

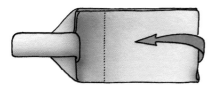

9. Plier le tout en deux en rabattant la partie droite sur la partie gauche.

10. Répéter les étapes 6 à 8 pour le côté droit.

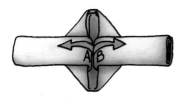

11. Tenir la serviette au niveau des bordures A et B afin de la retourner sur l'envers. Les rabats se retrouveront ainsi à l'intérieur et formeront la doublure du panier.

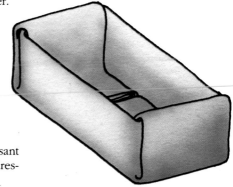

12. Mettre en forme en pressant au niveau des angles et en redressant les côtés et le fond.

Bougie

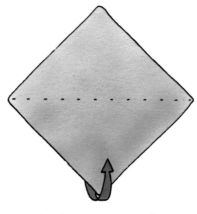

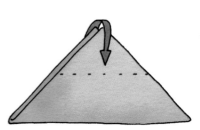

1. Plier la serviette en 2 dans sa diagonale.

2. Rabattre les pointes vers le bas.

3. Plier vers le bas (1/3).

4. Plier en 2.

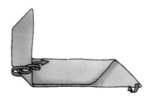

5. Plier la pointe vers le haut.

6. Enrouler de gauche à droite puis rentrer le bout en dessous.

Cascade

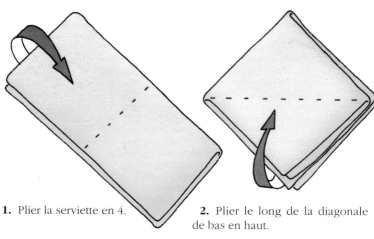

1. Plier la serviette en 4.

2. Plier le long de la diagonale de bas en haut.

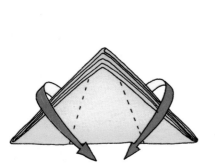

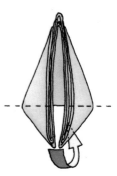

3. Rabattre les 2 coins vers le bas.

4. Plier la base sous le pliage.

5. Plier en 2 vers l'arrière.

6. En maintenant à l'endroit indiqué, relever les pointes.

Chapeau de gendarme

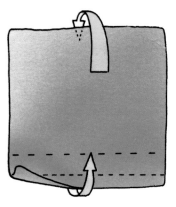

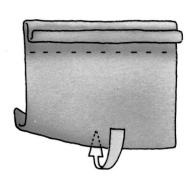

1. Plier la serviette de bas en haut en gardant des espaces réguliers.

2. Rabattre sous le pliage.

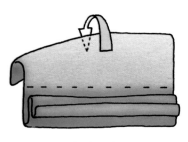

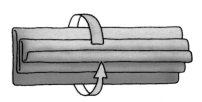

3. Renouveler l'opération.

4. Retourner l'ensemble.

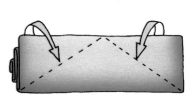

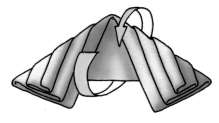

5. Plier en biais les coins supérieurs.

6. Retourner le tout.

7. Rabattre les côtés au centre.

8. Retourner le pliage.

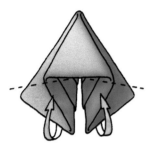

9. Remonter la partie basse vers le haut.

Chapeau d'évêque

1. Plier la serviette en 2 vers le haut.

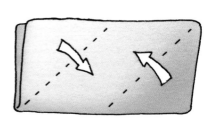

2. Rabattre les triangles inférieur et supérieur vers le centre.

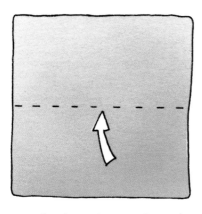

3. Retourner le tout.

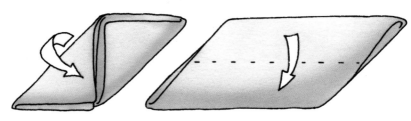

4. Plier en 2 vers le bas.

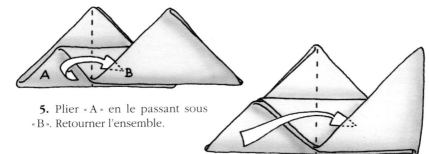

5. Plier « A » en le passant sous « B ». Retourner l'ensemble.

6. Renouveler l'opération.

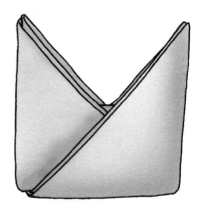

7. Ouvrir en mettant du volume.

Coléoptère

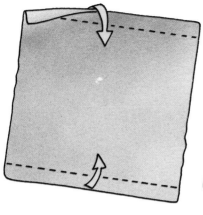

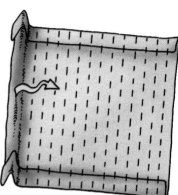

1. Plier 2 bords de bas en haut et de haut en bas.

2. Plier la serviette en accordéon.

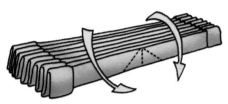

3. Mettre à plat, rabattre les côtés vers le centre.

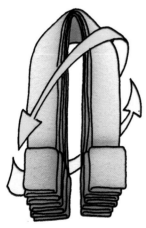

4. Retourner le tout.

5. Plier les côtés vers l'avant. Faire glisser les épaisseurs vers l'arrière.

6. Ouvrir chaque surépaisseur comme indiqué.

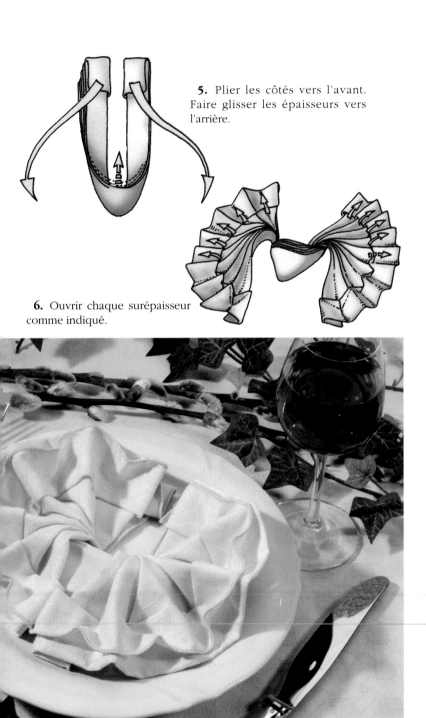

Colombe

1. Enrouler la serviette en serrant en biais.

2. Continuer en tirant vers le bas.

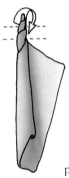

3. Faire un repli pour former la tête.

4. Tenir le repli, enrouler serré.

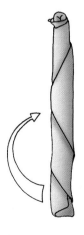

5. Former le bec.

6. Enrouler jusqu'à la fin, faire une boucle.

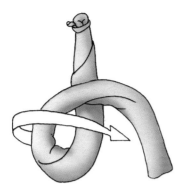 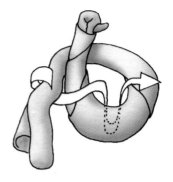

7. Retourner.

8. Placer une partie dans la boucle.

Corne d'abondance

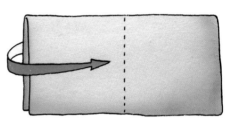

1. Plier la serviette en 2 vers le bas.

2. Plier en 2 vers la droite.

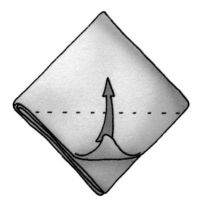

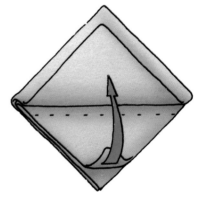

3. Plier de haut en bas une épaisseur,

4. puis une seconde,

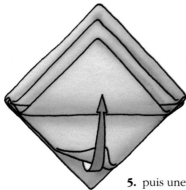

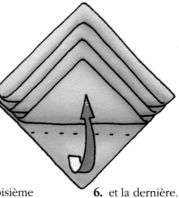

5. puis une troisième

6. et la dernière.

7. Rabattre les coins sous le pliage.

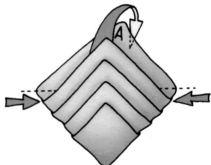

8. Rabattre « A » sous le pliage. Mettre en forme en rapprochant les côtés.

Couronne

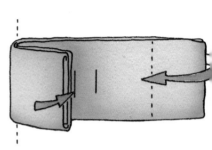

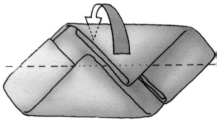

1. Plier la serviette en 3 vers le centre.

2. Rabattre les 2 côtés.

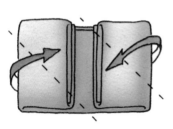

3. Plier 2 coins opposés vers le centre. Faire pivoter le pliage.

4. Plier en 2, haut vers l'arrière.

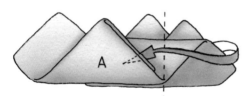

5. Rentrer le côté droit sous « A ».

6. Retourner le pliage.

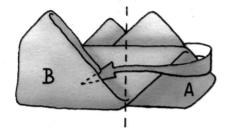

7. Rentrer « A » dans « B ».
Mettre en forme.

Croisé

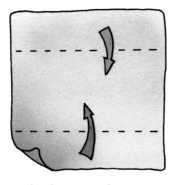

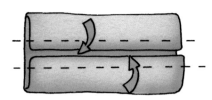

1. Plier la partie inférieure et supérieure vers le centre.

2. Plier en 3.

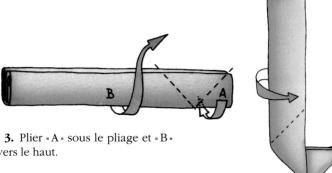

3. Plier « A » sous le pliage et « B » vers le haut.

4. Rabattre le haut vers la droite. Faire pivoter le pliage.

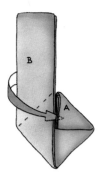

5. Rabattre « B » vers l'avant en le faisant passer sous « A ».

6. Renouveler cette opération.

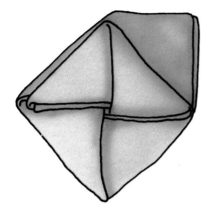

7. Rabattre vers le centre. Retourner l'ensemble.

Enveloppe

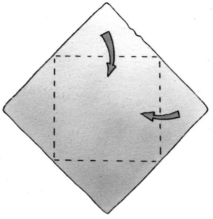

1. Plier les pointes vers le centre.

2. Plier en 2 dans la diagonale vers le haut.

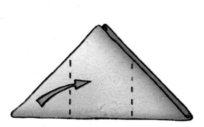

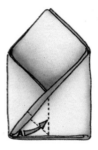

3. Plier un côté puis l'autre.

4. Joindre la pointe « A » au centre.

5. Rabattre la partie supérieure dans le carré.

Éventail

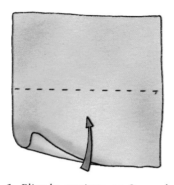

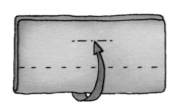

1. Plier la serviette en 2 vers le haut.

2. Rabattre le bas vers le haut comme indiqué.

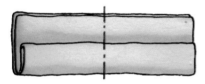

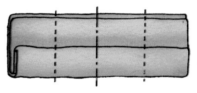

3. Marquer le centre en pli creux,

4. ainsi que les 2 autres côtés,

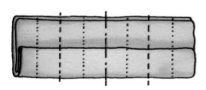

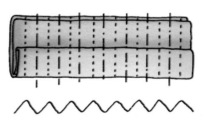

5. ainsi de suite.

6. Plier en accordéon.

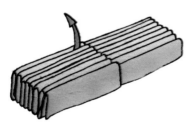

7. Remonter les surépaisseurs de chaque creux.

8. Relever le triangle.

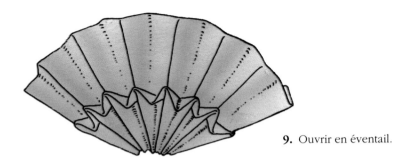

9. Ouvrir en éventail.

Flamme

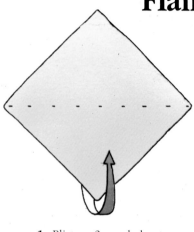

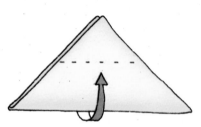

1. Plier en 2 vers le haut.

2. Replier en 2 vers le haut.

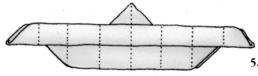

3. Rabattre le haut vers le bas.

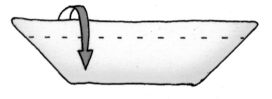

4. Marquer le milieu et les quarts en plis creux,

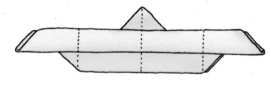

5. ainsi que les huitièmes.

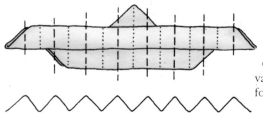

6. Rediviser les intervalles en plis pleins pour former un accordéon.

7. Placer la base dans un verre. Mettre en forme.

Flèche

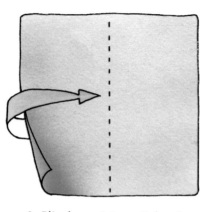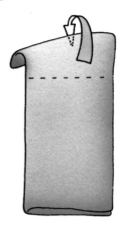

1. Plier la serviette en 2 dans la hauteur.

2. Rabattre la partie haute sous le pliage.

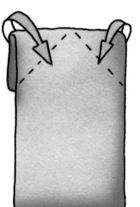

3. Plier les coins supérieurs vers le centre.

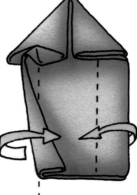

4. Plier les côtés vers le centre.

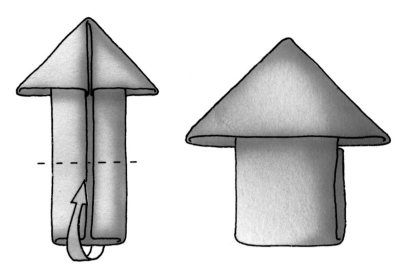

5. Rabattre la partie inférieure vers le haut.

6. Retourner le pliage.

Garenne

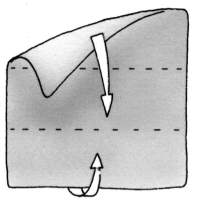

1. Plier la serviette en 3.

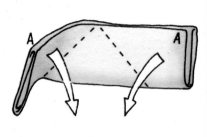

2. Rabattre « A » vers le bas.

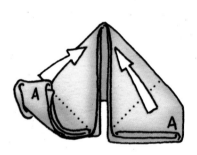

3. Remonter « A » vers la pointe.

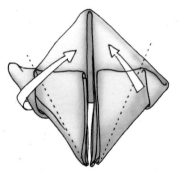

4. Rabattre les côtés vers le centre.

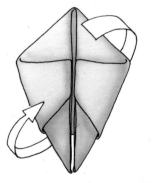

5. Retourner le tout.

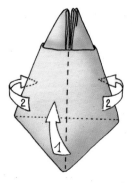

6. Rabattre la base vers le haut puis plier en 2.

Hanneton

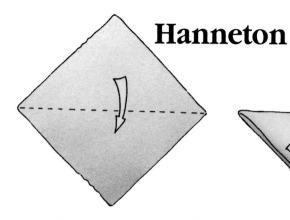

1. Plier la serviette dans sa diagonale en 2 vers le bas.

2. Plier les 2 côtés vers le haut.

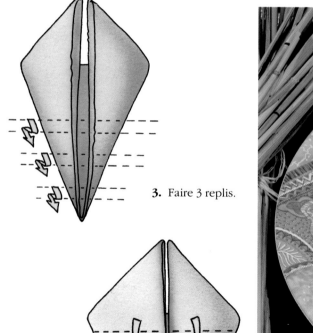

3. Faire 3 replis.

4. Rabattre de haut en bas.

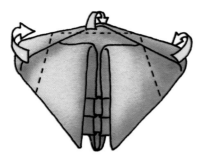 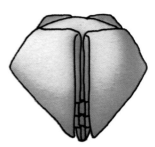

5. Replier sous le pliage suivant les pointillés.

6. Arrondir les côtés et mettre en forme.

Jabot

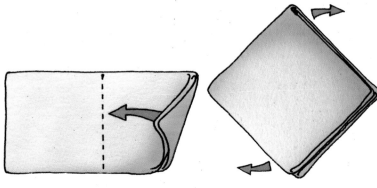

1. Plier la serviette en 4.

2. Faire pivoter de façon à avoir les plis pointés en bas.

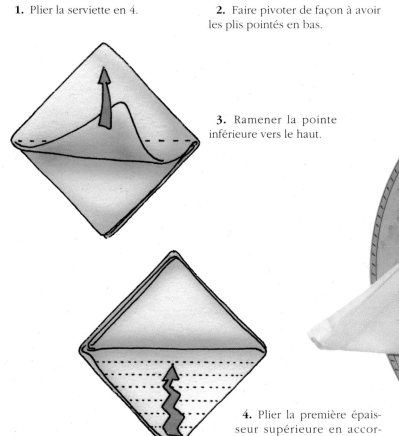

3. Ramener la pointe inférieure vers le haut.

4. Plier la première épaisseur supérieure en accordéon jusqu'au centre.

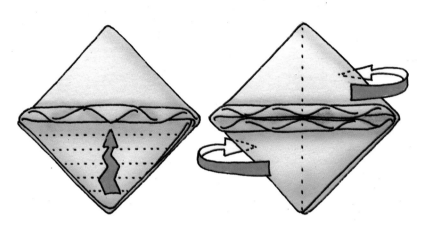

5. Répéter l'opération pour le bas.

6. Faire pivoter. Plier en deux.

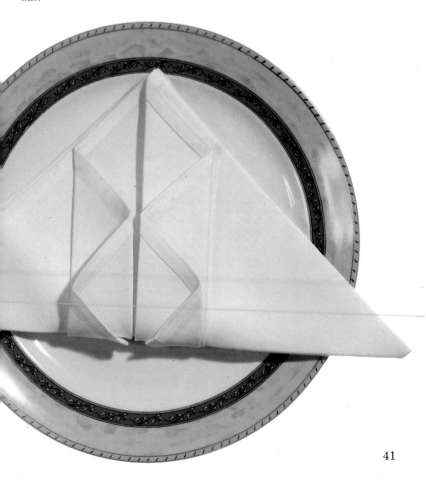

41

Lapin

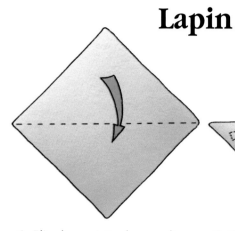

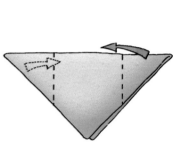

1. Plier la serviette dans sa diagonale en 2 vers le bas.

2. Plier les pointes vers le centre en les recouvrant légèrement.

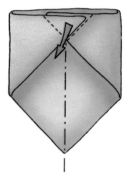

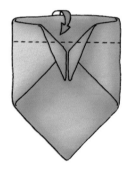

3. Plier les 2 triangles vers le centre.

4. Rabattre un bord vers le bas.

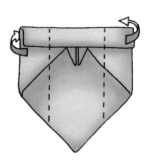

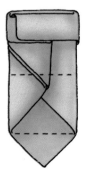

5. Plier les 2 côtés sous le pliage. Les emboîter, retourner le tout.

6. Plier de bas en haut, entrer le triangle du bas dans la poche.

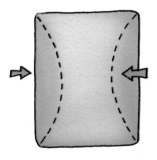 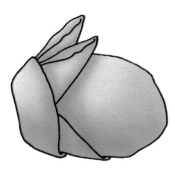

7. Appuyer sur les côtés afin de donner du volume.

Liquette

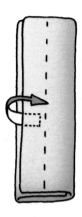

1. Plier la serviette en 3 dans la hauteur.

2. Plier le pan du dessus en 2 vers la droite.

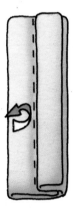

3. Puis plier celui du dessous.

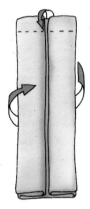

4. Rabattre un bord vers le bas et retourner le tout.

5. Rabattre les angles supérieurs vers le centre.

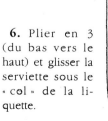

6. Plier en 3 (du bas vers le haut) et glisser la serviette sous le « col » de la liquette.

Lys

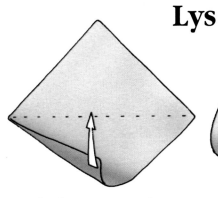

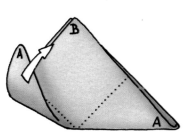

1. Plier la serviette en 2 dans sa diagonale.

2. Ramener « A » vers « B ».

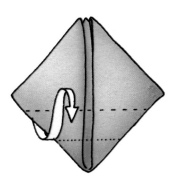

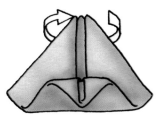

3. Replier une pointe vers le bas suivant les pointillés.

4. Retourner l'ensemble.

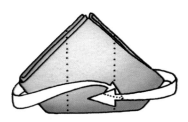

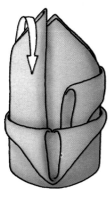

5. Plier en 3 en glissant les côtés l'un dans l'autre. Mettre en forme.

6. Replier les pointes vers le bas.

Manchot

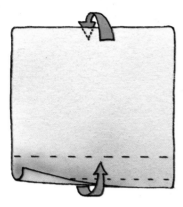

1. Plier la serviette de bas en haut de façon à obtenir des espaces réguliers.

2. Rabattre sous le pliage.

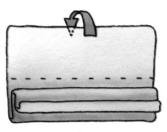

3. Procéder comme précédemment.

4. Retourner l'ensemble.

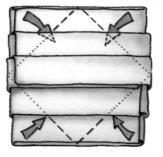

5. Plier en rentrant chaque pan l'un dans l'autre (une fois à gauche, une fois à droite).

6. Rabattre les coins à l'intérieur.

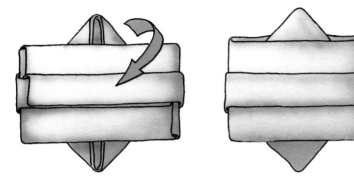

7. Retourner l'ensemble.

Manuscrit

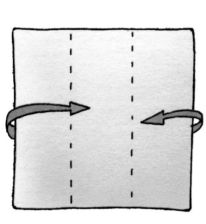

1. Plier la serviette en 3 vers le centre dans la hauteur.

2. Plier le pan du dessus en 2 vers la droite.

3. Puis plier celui de dessous.

4. Plier en 2 sous le pliage.

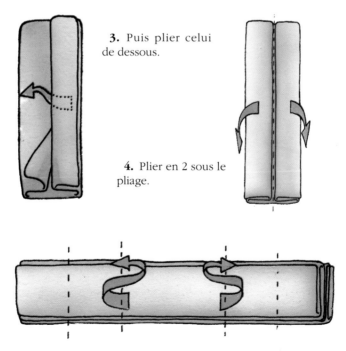

5. Faire pivoter le pliage puis plier chaque côté en 3 vers le centre.

6. Lever chaque double épaisseur et inverser le pli central afin d'obtenir un triangle.

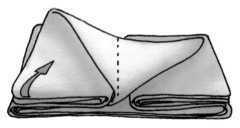

7. Répéter l'opération sur toutes les doubles épaisseurs de chaque côté.

Nénuphar

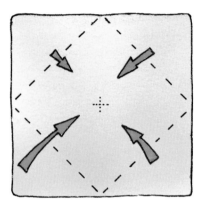

1. Rabattre les 4 coins au centre, retourner.

2. Plier en 2 de bas en haut.

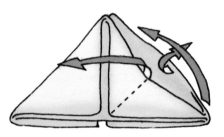

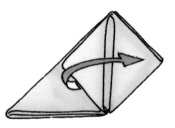

3. Ouvrir le pli de droite en joignant les pointes.

4. Rabattre vers la droite.

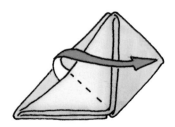

5. Ouvrir le pli de gauche en joignant les pointes.

6. Rabattre vers la gauche.

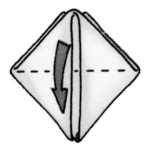

7. Rabattre un pli de haut en bas.

8. Rabattre « A » vers le bas.

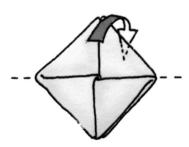

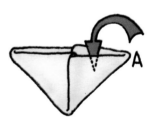

9. Rabattre le tout sous le pliage.

10. Rabattre la pointe « A » à l'intérieur.

11. Renouveler l'opération à gauche.

12. Mettre en forme.

13. Rabattre les pétales vers le bas.

14. Ouvrir les pétales du centre.

Oiseau de Paradis

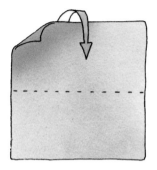

1. Plier la serviette en 2 de haut en bas.

2. Ramener les 2 angles supérieurs vers le bas.

3. Replier les côtés en diagonale vers le centre.

4. Replier la pointe supérieure sous le pliage au niveau des 2 pointes déjà formées.

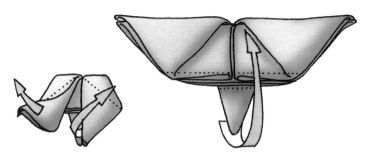

5. Plier les pointes inférieures vers le haut selon les pointillés.

6. Replier la pointe inférieure vers le haut (la laisser dépasser d'environ 1 cm). Retourner le tout.

Palme

1. Plier la serviette en accordéon de bas en haut.

2. Plier en 2 pour rassembler les 2 extrémités de l'accordéon.

3. Attacher un ruban au milieu des plis.

4. Ouvrir les plis.

Pantin

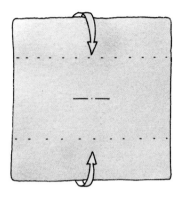

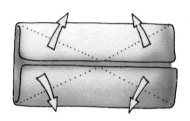

1. Plier le pan supérieur et inférieur de la serviette vers le centre.

2. Rabattre les 4 pointes vers l'extérieur.

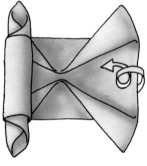

3. Enrouler le côté gauche vers le centre,

4. puis le côté droit.

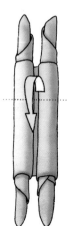

5. Rabattre le haut sous le pliage. Le retourner.

6. Placer 1 cuillère pour faire la tête.

Pantoufle

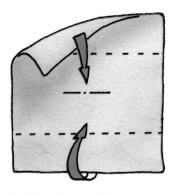

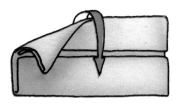

1. Plier 2 pans d'une serviette amidonnée vers le centre.

2. Replier la serviette en 2 en rabattant le haut vers le bas.

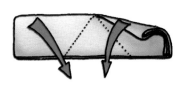

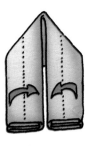

3. Rabattre les 2 moitiés vers le bas en maintenant la serviette au milieu.

4. Replier vers le milieu les bords droit et gauche.

5. Rabattre le côté droit sur le côté gauche.

6. Faire pivoter le pliage vers la gauche.

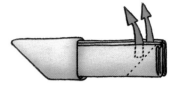

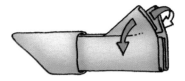

7. Sortir les plis internes vers l'extérieur.

8. Les rabattre de chaque côté.

9. Rentrer les extrémités l'une dans l'autre et mettre le talon en forme.

Pli

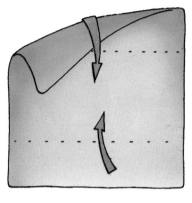

1. Replier 2 pans de serviette vers le centre.

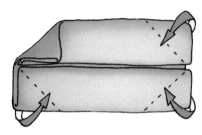

2. Rabattre les coins.

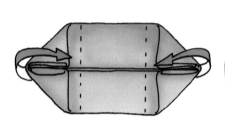

3. Rabattre les 2 côtés.

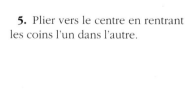

4. Retourner l'ensemble.

5. Plier vers le centre en rentrant les coins l'un dans l'autre.

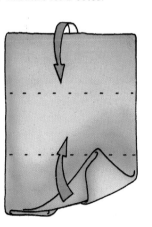

Pochette

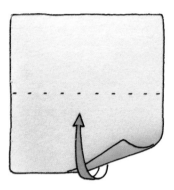

1. Plier la serviette en 2 de bas en haut.

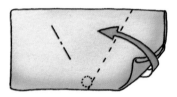

2. Appuyer un doigt au milieu du bord inférieur. Rabattre la moitié droite du bord inférieur selon les pointillés.

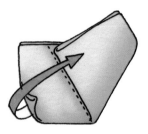

3. Rabattre la moitié gauche du bord inférieur sur le pli extérieur droit. Ajuster les plis pour que les 2 pointes du haut soient semblables.

Pochette à couverts

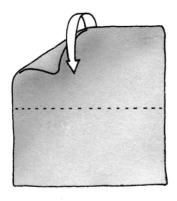

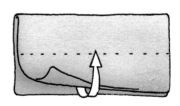

1. Plier la serviette en 2 en rabattant le bord supérieur sur le bord inférieur.

2. Rabattre un bord inférieur sur le bord supérieur.

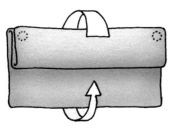

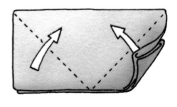

3. Tenir la serviette aux angles supérieurs pour la retourner de bas en haut.

4. Appuyer un doigt au milieu du bord inférieur et rabattre les coins inférieurs sur le milieu du bord supérieur.

5. Rabattre les côtés obliques vers le centre.

6. Bien marquer les plis. Glisser les couverts dans les 2 poches formées.

Pochette surprise

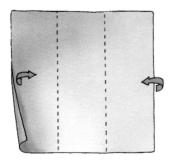 

1. Plier la serviette en 3 dans la hauteur vers le centre.

2. Effectuer un repli comme indiqué.

3. Replier en 3 de bas en haut et de haut en bas vers l'arrière.

4. Ouvrir chaque partie en glissant « A » sous « B ».

Poisson

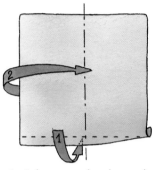

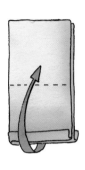

1. Rabattre un bord sous la serviette. Plier en 2 dans la hauteur.

2. Plier en 2 de bas en haut.

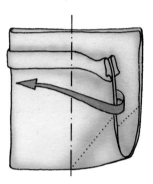

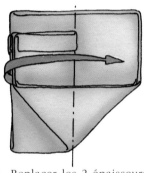

3. Plier les 2 épaisseurs vers la gauche en appuyant sur la partie indiquée.

4. Replacer les 2 épaisseurs A vers la droite.

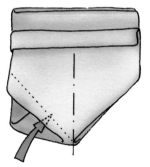

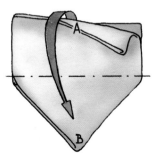

5. Même chose de gauche à droite. Replacer tout vers la gauche, retourner le tout.

6. Rabattre A sur la pointe B.

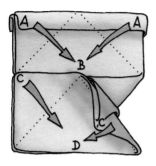 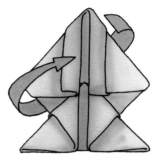

7. Replier les pointes C sur D puis A vers B.

8. Retourner le tout.

Porte-pain

1. Ramener les pointes de la serviette vers le centre.

2. Retourner le tout.

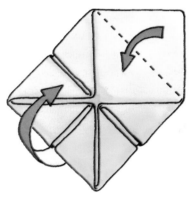

3. Renouveler l'opération et retourner le tout.

4. Ramener les pointes vers le centre et retourner le pliage.

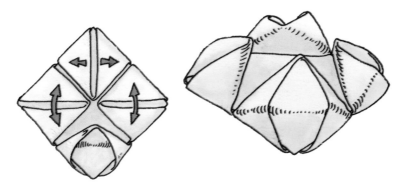

5. Écarter dans le sens des flèches.

Pyramide

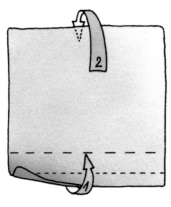

1. Plier la serviette de bas en haut en gardant des espaces réguliers.

2. Rabattre sous le pliage.

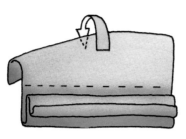
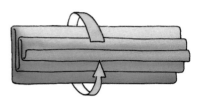

3. Rabattre comme précédemment.

4. Retourner l'ensemble.

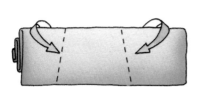

5. Plier les côtés vers le centre.

6. Entrer chaque pan l'un dans l'autre (un à droite, un à gauche).

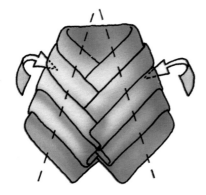

7. Rabattre les côtés sous le pliage.

Rond de serviette

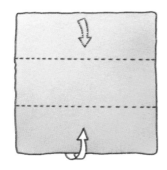

1. Plier la serviette en 3 vers le centre.

2. Enrouler le bord supérieur jusqu'au centre.

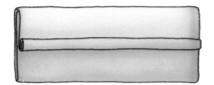

3. Retourner l'ensemble.

4. Enrouler.

Rose

1. Rabattre les 4 coins de la serviette au centre.

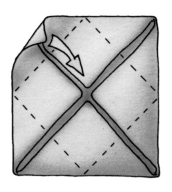

2. Renouveler l'opération.

3. Retourner le tout.

4. Amener les 4 coins au centre.

5. Placer un verre au centre, retourner les 4 pointes se trouvant sous le pliage. Retourner.

6. Retourner les 4 pointes restantes puis retourner.

7. Mettre en forme.

Rose des vents

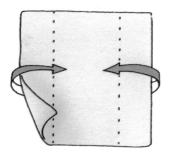

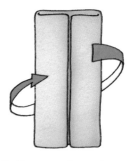

1. Rabattre les bords de la serviette vers le centre.

2. Retourner la serviette.

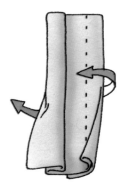

3. Rabattre les bords vers le centre en libérant les rabats de dessous qui se retrouvent de part et d'autre.

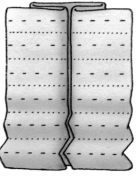
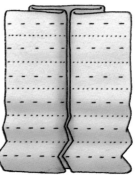

4. Plier toute la serviette en accordéon de bas en haut.

5. Maintenir les plis et nouer un ruban (très serré) au milieu.

6. Déployer les plis en cercle.

Saint-Valentin

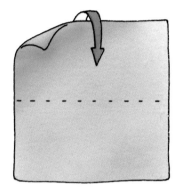

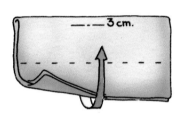

1. Plier la serviette en 2 de haut en bas.

2. Plier les 2 bords du bas vers le haut à 3 cm du bord supérieur.

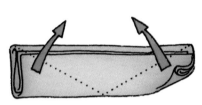

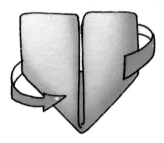

3. Appuyer un doigt au milieu du bord inférieur et rabattre les 2 côtés vers le haut.

4. Retourner le pliage.

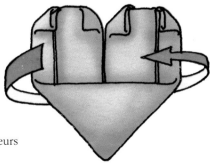

5. Replier les 4 coins supérieurs puis retourner la serviette.

Salière

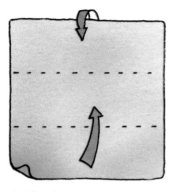

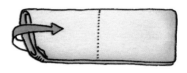

1. Plier la serviette en 3 vers le centre.

2. Plier en 2 vers la droite.

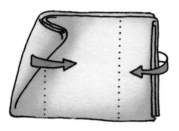

3. Rabattre les 2 côtés vers le centre.

4. Retourner le pliage.

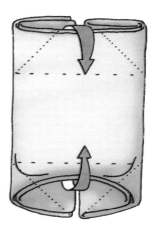 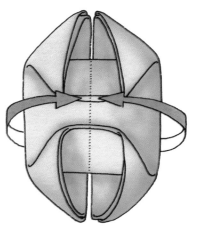

5. Rabattre le haut et le bas vers le centre en laissant un espace.

6. Plier en 2 dans la hauteur. Retourner le pliage.

Set de table

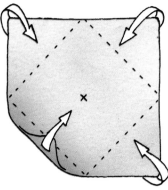
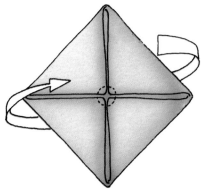

1. Replier les 4 pointes de la serviette vers le centre.

2. Retourner la serviette en maintenant d'une main les 4 pointes.

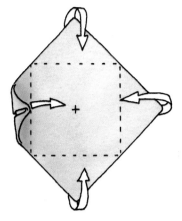
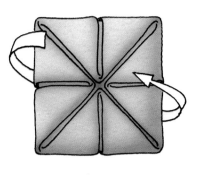

3. Ramener les 4 angles vers le centre.

4. Retourner la serviette.

5. Soulever l'un des angles intérieurs et le déplier vers l'extérieur. Tirer légèrement le tissu pour le fixer en place. Répéter l'opération avec les 3 autres angles.

Smok

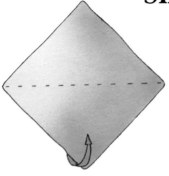

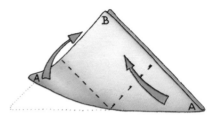

1. Plier la serviette dans sa diagonale en 2 parties vers le haut.

2. Plier « A » vers « B ». Faire pivoter le pliage.

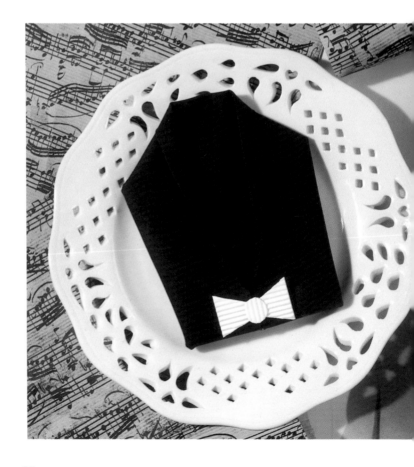

3. Retourner suivant le pointillé ainsi que la pointe supérieure.

4. Rabattre les côtés puis la partie inférieure suivant les pointillés sous le pliage.

Tulipe

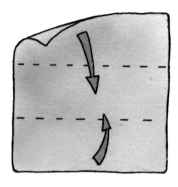

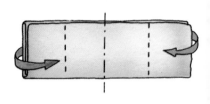

1. Plier la serviette en 3 vers le centre.

2. Rabattre les côtés vers le centre.

3. Rabattre les pointes vers le centre.

4. Retourner l'ensemble.

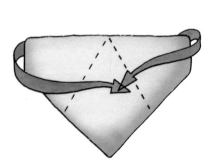

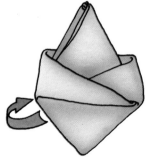

5. Plier les coins vers le bas, rentrer l'un dans l'autre.

6. Retourner le pliage et mettre en forme.

TABLE DES MATIÈRES

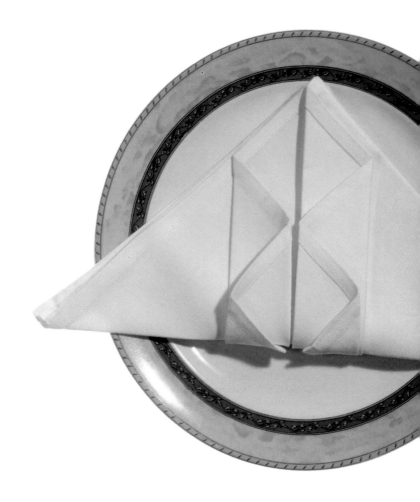